Alfonso Zapico

LOS PUENTES
DE MOSCÚ

Alfonso Zapico

LOS PUENTES DE MOSCÚ

ASTIBERRI

LOS PUENTES DE MOSCÚ

© 2018 Alfonso Zapico
© 2019 Astiberri Ediciones por la presente edición
Colección Sillón Orejero

Maquetación: Alba Diethelm

ISBN: 978-84-16880-51-5
Depósito legal: BI-93-19
Impresión: Grafo
1.ª edición: mayo 2018
2.ª edición: mayo 2018
3.ª edición: marzo 2019

Astiberri Ediciones
Apdo. 485
48080 Bilbao
info@astiberri.com
www.astiberri.com

"No debe ser aceptada ninguna ley que no tenga por finalidad la convivencia humana".

Giordano Bruno

"Me encamino hacia el mar, curioso por ver la desembocadura, por hundir mi mano y mi pie en la mezcla del traspaso o bien por tocar la solución de continuidad, el hipotético punto de disolución. El polvo se convierte en arena, la tierra ya es la duna de la playa, los zapatos se embarran en charcos que tal vez ya son desembocaduras. Al fondo se ve el mar".

Claudio Magris

Capítulo 1

Ceci n'est pas...

ÉSTE NO ES UN LIBRO SOBRE...

...ETA...

...el general Galindo...

...Kortatu...

...o el PSOE.

Y SIN EMBARGO, EN ALGÚN MOMENTO DE ESTE LIBRO APARECERÁN...

...ETA...

...el general Galindo...

...Kortatu...

...o el PSOE.

Capítulo 2

Moscú

A **FERMIN MUGURUZA** mucha gente lo conocerá por todo lo que ha hecho, pero de eso hablaremos luego, y para presentarlo diremos que...*

Acaba de editar nuevo disco, "Black is Beltza-ASM sessions".

El disco viene de su expo en Barcelona, "Black is Beltza".

La expo viene de su cómic con Harkaitz Cano y Jorge Alderete, "Black is Beltza".

Está dando los últimos coletazos a su musical interactivo "Guerra" con Albert Pla y Raúl "Refree" sobre la naturaleza de la violencia.

Está metido en otra trinchera: la animación 2-D de "Black is Beltza" con Elkar, Talka Records y Setmàgic Audiovisual.

El día que dibujé esto estaba en la prisión francesa de Réau (París) visitando a un amigo.

* En realidad, en el tiempo que tardé en dibujar este libro, Fermín ya había sacado nuevo disco ("B-Map 1917 + 100"), ya había echado a andar su película de animación y se había metido en otros fregaos de los que no tengo ni idea. Es así: cuando yo voy, él viene...

A
EDU MADINA
mucha gente lo conocerá por todo lo que ha hecho, pero de eso hablaremos luego, y para presentarlo diremos que...

Tras presentarse a la Secretaría General del PSOE y haber sido portavoz adjunto del grupo parlamentario en el Congreso...

...dejó la política tras 13 años como parlamentario y volvió al sector privado.

Ya no echa de menos la política, y vive una vida más tranquila y más feliz.

Ahora dirige una unidad de análisis y estudios en una consultora global y ha vuelto a dar clase en la universidad.

Está leyendo una larga biografía de Virginia Woolf y ha vuelto a dejar a medias "La broma infinita" de David Foster Wallace.

Escribe habitualmente en "El País" e interviene en la mesa de análisis de "Hora 25" en la cadena SER.

El día que dibujé esto todavía no había viajado a Trieste.

...y vamos a viajar a 1936.
Pero sin movernos de aquí
mismo, sin salir de Irun.

Capítulo 3
Érase una vez en Euskadi

La guerra civil estalla en agosto de 1936. Casi dos meses después, el general Mola y los requetés carlistas están a punto de ocupar Gipuzkoa, y consiguen aislar la República de Francia.

En la frontera, los irundarras prenden fuego a la ciudad, antes de que ésta sea ocupada por las tropas franquistas.

La población cruza el puente de Hendaia a toda prisa. A lo lejos se escuchan los Panzer' alemanes.

ZZOUM ZZOUM BOOUM

Los adultos cruzan con los niños en brazos. Este niño y esta niña tienen la misma edad: dos años.

Ellos todavía no lo saben, pero van a ser los padres de Fermín Muguruza.

Meses después, otro niño huye de la guerra en otra dirección. Está en Bilbao, que sufre los bombardeos franquistas.

El niño en cuestión se llama Pedro Muñoz...

...y el vapor en el que embarca hacia Gran Bretaña se llama "Habana".

En abril de 1937, una niña que está en
el huerto de un caserío de Zamudio
mira al cielo...

...y ve pasar unos aviones.

La niña
piensa
para sí:

Qué
pequeños
somos...

Pero no
dice nada.

La niña se llama Carmen Etxebarria, y aunque ella
todavía no lo sabe, los aviones que surcan el cielo son los
Junkers alemanes que bombardearán Gernika.

BROOUM
BROUM

El caso es que Carmen y el niño de la página anterior
acabarán cruzando sus vidas. Para eso hay que esperar
otras cuatro páginas.

Benito Etxebarria, el padre de la niña de la página anterior, es uno de los "gudaris" enrolados en los batallones nacionalistas que defienden Bilbao.

Eleuterio Madina es otro de los defensores de la capital de Bizkaia. Lo encontramos aquí, con los milicianos socialistas que forman el Cinturón de Hierro.

La Historia ya la conoce todo el mundo, y no hay final feliz. Bilbao cae el 11 de junio de 1937. Franco conquista Euskadi, el norte se quiebra.

En Santoña, los destacamentos nacionalistas vascos se rinden ante las tropas italianas. Benito está presente, y piensa que la guerra es una mierda, y la derrota, muy amarga.

En Bilbao, los "rojos" son internados en campos de prisioneros. Eleuterio es enviado a presidio, y piensa exactamente lo mismo que Benito en la viñeta anterior.

Eleuterio Madina pasa varios años encerrado en ese campo. Sale en libertad en 1950, enfermo y derrotado, con el tiempo justo para dejar embarazada a su mujer, Irene.

Antes de que nazca su hijo, Eleuterio muere.

A muchos kilómetros de allí, en la costa este de Escocia, un pueblecito del condado de Angus despide a un grupo de niños vascos, que regresan a casa.

El pueblo se llama Montrose...

...y uno de esos niños se llama Pedro Muñoz.

Pedro se instala en Bilbao, se hace tipógrafo y comienza a trabajar en una imprenta.

La España de Franco es un país gris en el que hay pocos motivos para celebrar nada.
Pedro encuentra uno los fines de semana: acude a su otro empleo en San Mamés, donde trabaja para el Athletic de Bilbao.
No es un empleo, es una pasión.
No sólo es una pasión, es una forma de supervivencia.

La niña del caserío de Zamudio crece y se convierte en una mujer. Luego su vida se cruza con la de Pedro, con el que tiene una hija. La llamarán Mari Carmen.

Cuando Mari Carmen cumple 18 años va a una discoteca de Bilbao, y allí conoce a un chico que le gusta.

El chico tiene 19. Es un chavalín de pueblo, un poco rudo pero majo, que vive en Ortuella, en la cuenca minera de Bizkaia.

Ellos todavía no lo saben, pero serán los padres de Edu Madina.

Edu Madina llega al mundo el 11 de enero de 1976.

El 29 de abril de 1984, su abuelo Pedro le cogió de la mano y juntos, por última vez (hasta hoy)...

...vieron pasar la gabarra del Athletic de Bilbao.

Capítulo 4

Fermin

En 2015 viajo a Argelia, al festival de cómic de Argel. Y allí, esperando ver a Camus, me encuentro con Fermín Muguruza.

Está invitado por el festival como guionista de "Black is Beltza", que además está nominado a mejor obra extranjera.

Cuando le conocí se había pasado hora y pico rascando su tarjeta de identificación con un boli Bic hasta convertir la bandera española en una ikurriña.

Es un tío perseverante Fermín.

¡Encantado, Zapico!

La verdad es que yo no tengo una gran cultura musical, estoy un poco perdido sobre Fermín Muguruza. Kortatu no pertenece a mi generación, nunca había escuchado a Negu Gorriak. Pero sí sé dos cosas:

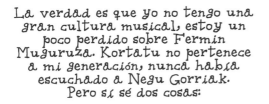

1 Meses antes del viaje, un día que pasaba por Bilbao entré casi por casualidad en la sala de exposiciones de la Alhóndiga (hoy Azkuna Zentroa).

Allí estaba la exposición sobre el cómic más impresionante que he visto en mi vida. Con un despliegue técnico de la repanocha. ¿De dónde había salido todo aquello? ¡Si yo ni siquiera había oído hablar del cómic!

El Che Guevara, Otis Redding, Mohamed Alí o Malcolm X. Todos estaban allí. Y también un gigante negro como un demonio. ¿Qué pinta un gigante negro en la exposición de un cómic?

"Black is Beltza" es una historia de Fermin con Harkaitz Cano. Los dibujos son del Dr. Alderete, un ilustrador argentino que vive en México. Es más que un cómic, como se puede adivinar. Todo comienza cuando la comparsa de gigantes de Pamplona es invitada a desfilar por la Quinta Avenida en el Nueva York de 1965.

Bueno, no todos. Debido a los disturbios raciales los gigantes negros son vetados y enviados de nuevo a las bodegas del barco que los trajo desde el otro lado del Atlántico. Hasta aquí la historia real; no se puede contar mucho más, hay que leerlo.

Me pareció un tremendo error volver a las armas...

...llegará un momento donde callarán las armas. Y la palabra tendrá el protagonismo.

2 La segunda cosa que sé de Fermin Muguruza es que lo había visto en el documental de Julio Medem "La pelota vasca" (2003). Pero de eso hablaremos más tarde.

El caso es que tardo exactamente 5 minutos en hacerme amigo de Fermin. Al día siguiente aterriza Yacine, un colega músico, mitad argelino mitad de Barcelona.

Yacine es como mi amigo Alvaro Ortiz, pero a escala 1:3.

No perderse "Yacine & The Oriental Groove"

RUMBA-MAZIGHA

El festival de la bande dessinée de Argel es fantástico, y su directora se llama Dalila.

Es una de esas mujeres duras que hicieron la revolución en los sesenta. Si has sido capaz de ganarle una guerra a Francia, ¿qué complicación tiene dirigir un festival de cómic?

Lo único mejorable es la comida: el rancho de la cárcel debe ser más apetecible. En la cena del segundo día Fermín toca fondo.

¿Qué es esto?

¡Sabe a corcho!*

BLACK IS BEAUTIFUL

Encontramos cobijo en un restaurante del puerto, el Granada. Se puede beber cerveza discretamente, y allí nos reunimos con la cantante Amel Zen, la "Voz de Argel".

Lo de Amel tiene mérito, porque es feminista en un país donde es complicado ser mujer, y porque a pesar de todo, quiere vivir en un lugar del que muchos quieren irse.

Yallah

Inchallah!

Amel es amazigh, como Yacine, parece ser que esto marca el carácter aquí.

* Quién sabe si era corcho.

Fermín Muguruza es un tipo complicado (o no tanto). Le gusta provocar reacciones en la gente, y no deja indiferente a nadie.

Le critican mucho en casi todas partes. También le quieren mucho en casi todas partes. Las críticas no parecen importarle gran cosa, quizá porque la mayoría vienen de gente sentada en algún sillón, gente que ha engordado y se ha acomodado con los años.

Él, en cambio, es un activista de más de medio siglo, lo que quiere decir que es un activista que sigue en activo.

Acompañamos a Yacine a una fiesta que da una amiga suya en el primer edificio de viviendas que construyó Le Corbusier.

¿Así que sois músicos? ¿Y tocáis en la misma orquesta?

¡Qué guay!

Fermín tiene muchos fans aquí, pero también hay gente despistada.

Con Fermín y Yacine paseo por la ciudad en busca de sitios donde beber cerveza (que no es tan *fácil*). Veo a Camus en cada bulevar y en cada esquina, porque sólo hay que echarle un poquito de imaginación.

Visitamos el Musée de l'Armée, que es como Les Invalides de París pero al revés: allí hay franceses matando argelinos y aquí hay argelinos matando franceses.

Me gusta Fermín, porque es abertzale e independentista y yo no, pero no importa.

Es un tipo que habla sin parar, pero también escucha mucho. Siempre está riéndose, y los desconocidos acaban riéndose con él, aunque no hablen el mismo idioma.

Si te quedas sin dinares en Argelia, te invitará a cenar y luego se olvidará de que le debes pasta.

Cuando llegó Yacine de Barcelona formamos juntos una extraña comparsa de cabezudos donde todos podían desfilar.

Me gustan estos viajes, porque uno acaba topándose con sus propias contradicciones. Como Argelia es un país de contradicciones, lo hemos pasado bien.

Capítulo 5

Edu

Junio de 2010. Hace casi un año que vivo en Francia, y desde Angulema viajo a Irun.

Aparco el coche en una calle rodeada de árboles, casi en el corazón de la ciudad.

Yo no tengo ni idea en ese momento, pero el barrio en el que dejo el coche es Mosku. A menos de doscientos metros vive Fermin Muguruza, en la plaza Urdanibia. Pero todavía no le conozco, ¿cómo iba a saberlo?

Ahora debería sentirme sobrecogido por estar en el kilómetro cero de la España democrática, en la fuente de la que mana el poder popular y todo eso...

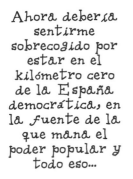

...pero...

¿Puedo sentarme en un escaño y me hacéis una foto?

Para el Twitter.

Me siento en el escaño que ocupó Adolfo Suárez durante el 23-F.

¿Esto no se puede reclinar?

No son super-cómodos, la verdad...

Yo no podía saberlo, pero justo un año después sería el culo de Mariano Rajoy el que reposaría sobre aquel escaño.

Y vendría para quedarse.

Capítulo 6

La línea del frente

Lo más extraño, lo más paradójico y lo más difícil de entender (y de explicar) de esta Euskadi enrevesada de los años de plomo es que la música que hace gente como Fermín Muguruza conecta con gente como Edu Madina.

En la línea del frente, a ambos lados de la trinchera, se escucha a Kortatu, Negu Gorriak, Cicatriz, Eskorbuto, Hertzainak, La Polla Records, RIP...

No es sólo Edu Madina. No sólo los jóvenes de izquierdas o los jóvenes de Euskadi. Todo el mundo escucha esa música.

A finales de los noventa del siglo pasado, Edu Madina es un joven normal que vive en una ciudad industrial, Bilbao.

Tiene una vida normal, que transcurre de casa a la uni, de la uni al equipo de vóley, del equipo de vóley a casa.

Los fines de semana se coge una buena mamada con los amigos, como todo el mundo.
Tiene algún rollete, flipa con The Cure y con el Athletic de Bilbao.

El escenario en el que actúa Edu Madina es el de muchos jóvenes de Euskadi en aquellos años. En primer plano, bien enfocada, está la imagen de su vida más íntima.

LA FAMILIA

LOS COLEGAS

LAS JUVENTUDES SOCIALISTAS

EL EQUIPO DE VÓLEY

LAS CHICAS

THE CURE

LA UNI

LOS VERANOS EN EL PUEBLO

EL ATHLETIC

Hay un paisaje de fondo, más oscuro y difícil de percibir.
Se mueve de espaldas a él, quizá no le interesa mucho, pero
está ahí. Ha estado ahí desde siempre.
Este decorado no se puede elegir ni controlar, y muchas veces
es el propio decorado el que decide el papel que cada uno
representa en una obra de pase único.

LA CIUDAD

LA
DECADENCIA
INDUSTRIAL

EL HUMO

ETA

LOS PRESOS
DE ETA

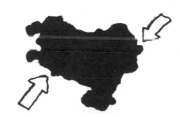

LAS REIVINDICA-
CIONES DE LOS
PRESOS DE ETA

EL CABALLO

LOS MUERTOS

LA PRENSA
INFORMANDO
DE LOS
MUERTOS

Universidad de Deusto (Bilbao)

* La verdad es que, a pesar de su carita de empollón sabelotodo y de sus buenas notas, Edu Madina no asomó por clase hasta el tercer año de la uni.

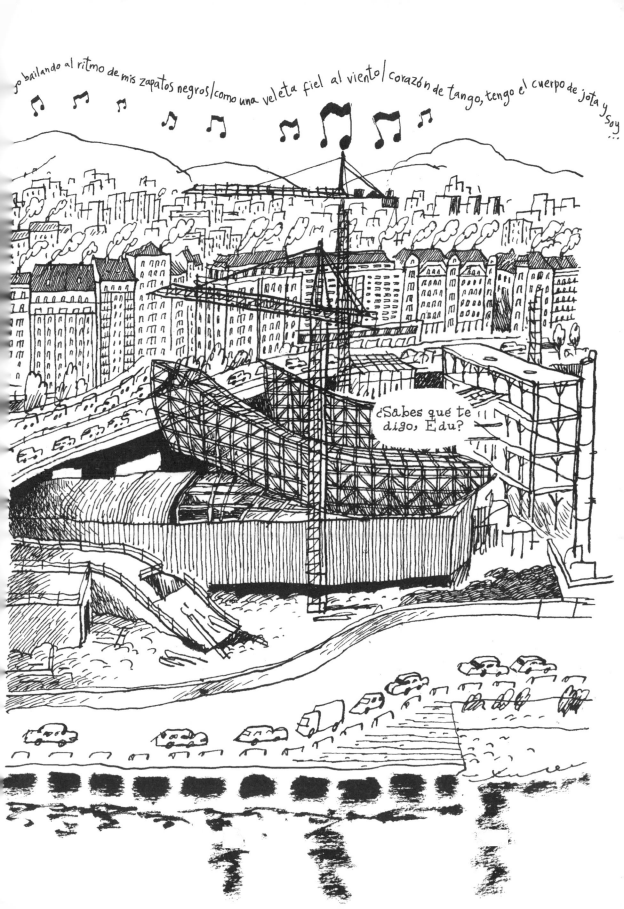

Capítulo 7

Bilbao-Montreal-Bilbao

3 de marzo de 2001.
Barcelona.

La gente va llegando a las Cotxeres de Sants,

Fermín Muguruza va a dar un concierto en solidaridad con los presos de ETA.

Él no puede saberlo, pero en un bar cercano al lugar del concierto, que se llama Botavara, cuatro amigos se reúnen. Uno de ellos lleva una bolsa de deporte. Dentro de la bolsa de deporte hay una olla exprés.

Fermín tampoco sabe (porque no lo sabe nadie aparte de los cuatro amigos) que en el interior de la olla exprés hay una sustancia llamada CLORATITA: un explosivo casero.

Los cuatro amigos pertenecen a una asociación neonazi llamada Timbalers del Bruch. Y como un concierto en favor de presos etarras es una ocasión demasiado buena para dejarla escapar, deciden colocar una bomba.

Una bomba que, según sus cálculos, debería explotar en mitad del concierto de Fermín Muguruza.

Lo que nadie sabía (ni siquiera los cuatro amigos) es que las proporciones de la cloratita no eran las correctas.

De camino al concierto se produce una explosión en la plaza Bonet i Muixí.

Los dos potenciales perpetradores del bombazo sufren diversas quemaduras.

Fermín y su banda tocan hasta el final, y no se enteran de nada.

En realidad, casi nadie se enteró de nada. Aquellos cuatro amigos fueron detenidos y juzgados por un delito de terrorismo.

Fueron condenados a 6 años de cárcel. Cumplieron una pena breve y salieron pronto a la calle. La noticia se diluyó y desapareció en el aire como aquel explosivo defectuoso.

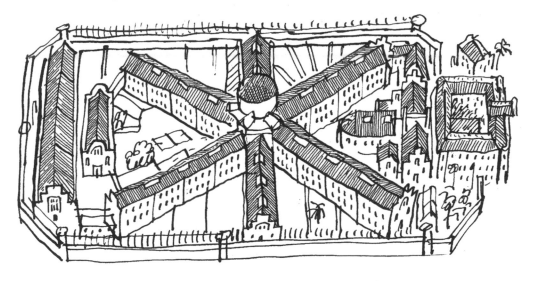

Después de todo, era un concierto a favor de presos etarras.

19 de febrero de 2002. Edu Madina se despierta en su casa del barrio de Arangoiti, en Bilbao.

Trabaja en una oficina en Sestao, en el área de recursos humanos. Planifica cursos de formación para empresas de todo tipo de la margen izquierda. Se toma un café y mira el reloj.

Voy con retraso...

Cuando Edu sale de su casa todavía no lo sabe, pero es la última vez que caminará con las dos piernas con las que llegó a este mundo.

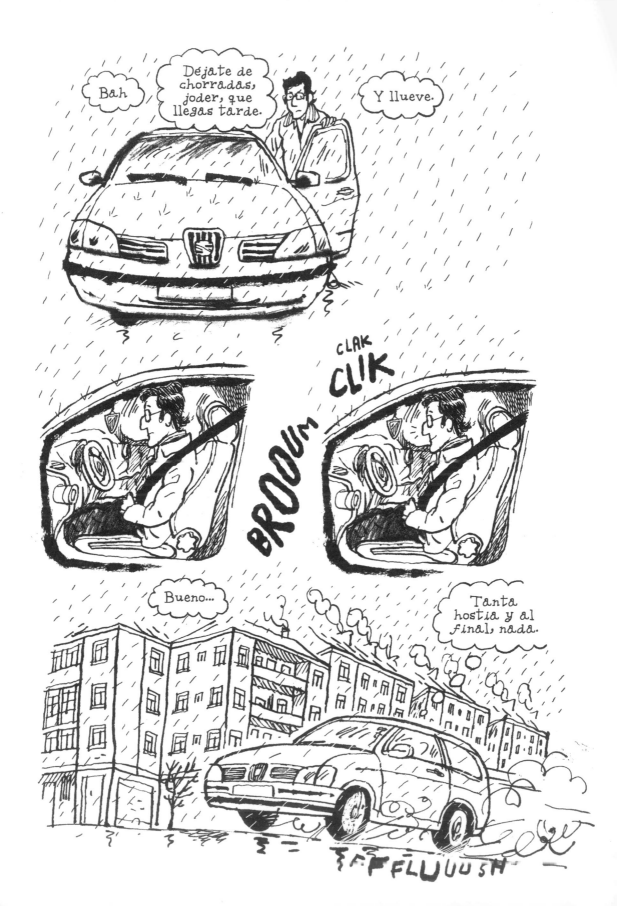

A las ocho y veinte de la
mañana de aquel lluvioso
martes, el medio kilo de
Titadine que ETA había
colocado bajo el asiento de
Edu Madina explota.

Entre Bilbao
y Montreal
hay 5435 km
de distancia...

...y una
diferencia de
temperatura de
25°... (20 bajo
cero en Canadá).

Nieva en Montreal.

Todo es blanco y silencioso en Quebec.

Fermín Muguruza está aquí, ayudando en la producción del disco de una banda local llamada Overbass.

Mientras canta "Cash" con los Overbass para un disco que se llama
"Revolución", Fermín no puede saber que el Seat Ibiza de Edu
acaba de estallar en medio de una rotonda de Bilbao.

¿Cuánta distancia
separa a Fermín
Muguruza de Edu
Madina en aquel
instante?

A finales de febrero
Fermín vuelve al País
Vasco.

NO HAY MÁS PATRIA QUE LA HUMANIDAD

GIZATERIA GURE ABE

En Bilbao hace más frío que en Quebec.

En la "Plaza Roja" de Mosku tiene Fermin su particular kremlin creativo. Se encierra y escribe varios de los temas de su siguiente disco, "Inkomunikazioa".

El disco verá la luz en mayo de ese año. Se suceden los ensayos y conciertos en una vorágine que ya es rutina.

El 16 de marzo Fermín está en Barcelona, en la histórica manifestación contra la globalización, con Zuzen (un grupo de acción directa no violenta que defiende el acercamiento de presos a Euskadi).

La marcha pacífica es masiva. Casi medio millón de personas en la manifestación más multitudinaria desde Seattle, donde se sitúa el comienzo de la antiglobalización organizada.

La nota de color (rojo) la ponen seis miembros de Zuzen, que son detenidos tras simular un accidente de tráfico en la avenida Diagonal.

Alegan que es una "performance" con la que denuncian el peligro al que se exponen los familiares de presos en sus interminables viajes.

Subido a un camión, Fermín canta en medio de la manifestación.

El fin de fiesta es un gran concierto de Manu Chao donde Fermín también actúa.

El 26 de marzo Fermín coge otro avión, esta vez rumbo a Palestina.

Fermín Muguruza aterriza en una zona de conflicto permanente para reivindicar los derechos del pueblo palestino. Lo hace en compañía de otros artistas israelíes y árabes.

Allí escucha la detonación de una bomba en Tel Aviv que deja numerosos muertos, y observa el confinamiento de Yaser Arafat en su palacio presidencial de Ramala.

Se pone un peto reflectante y ejerce como "escudo humano" del líder palestino, junto a otros artistas internacionales. Con el ruido de las bombas de fondo, aún es posible apreciar la belleza musical del territorio. Y nace "Checkpoint Rock. Canciones desde Palestina". Un documental codirigido por Fermín Muguruza y el cineasta Javier Corcuera.

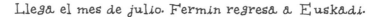

Llega el mes de julio. Fermín regresa a Euskadi.

Fermín graba un documental con Julio Medem. Se llama "La pelota vasca: la piel contra la piedra". En ese documental dice cosas como...

Me pareció un tremendo error volver a las armas...*

...llegará un momento donde callarán las armas. Y la palabra tendrá el protagonismo.

* Tregua de Lizarra-Garazi, rota en el año 2000.

Yo todos los días recibo media docena de correos electrónicos...

...me escriben y me dicen: "Te vamos a matar. Ya nos cargamos a un Muguruza, y tú serás el segundo".**

** Josu Muguruza, diputado de HB asesinado por ultraderechistas en 1989.

En el documental de Medem se escuchan muchas voces. Una de ellas es la de un joven Edu Madina. Tiene 26 años, y hace poco más de uno que ETA casi se lo lleva por delante.

Edu dice cosas como...

Lo que me ha pasado a mí no me nubla la vista para percibir que en el mundo de Batasuna hay una enorme tragedia.

Según el tiempo va pasando y nada se soluciona, la tragedia aumenta y toca a más gente.

No conozco la cara del que me puso la bomba en el coche.

Si lo tuviera delante, quizá le preguntaría cuál es el precio que tiene para él la vida de una persona.

Y le diría que leyera, porque probablemente no lo ha hecho mucho.

Euskadi es genial, sí...

Pero no merece la pena que nadie mate por ella.

Nueve años después, sucede algo
extraordinario.
Algo con lo que muchos soñaban,
pero que no creían que fuera a
hacerse realidad así, un día de
otoño por la mañana, mientras
veían la tele en un bar.

Y, sin embargo,
sucedió.
ETA realizó el
anuncio del cese
definitivo de su
actividad armada el
20 de octubre de 2011,
tres días después de la
Conferencia
Internacional de Paz
de San Sebastián. El
comunicado apareció
en las ediciones
digitales de "Gara"
y "Berria".

Edu Madina está cerca, en Bilbao. De repente, suena el teléfono. Es el presidente Zapatero, quiere contárselo todo personalmente. La conversación se alarga, todo es muy emocionante.

Fermín Muguruza está lejos: la
noticia llega a la Escuela de Cine
de Cuba, en San Antonio de Los
Baños, donde está impartiendo un
taller de documentales.

En realidad, en ese instante (igual que pasa con
muchos vascos en muchas partes del mundo) Edu
Madina y Fermín Muguruza están a la misma
distancia, aunque estén lejos el uno del otro.

Capítulo 8

Mosku, otra vez

El patrón del bar sale de la barra y se abraza a Fermín y Edu.
Quiere tener una foto con los dos. Humberto está rápido. Hecho.

¡Venga, que esto no pasa todos los días!

¿Qué es lo que no pasa todos los días?

Hemos pedido cuatro cafés cortados. Mira que no pondrá cortados este hombre, todos los días...

¿Hubiera sido posible tomar un café aquí hace diez años con Edu y Fermín?

Caray, seguro que no.

Y casi seguro que el patrón del bar no hubiera salido de la barra para hacerse una foto.

Ya nada es igual que antes. Por eso estamos haciendo este libro.

Edu está haciendo una entrevista a Fermin para el magazine "Jot Down". Es la excusa perfecta para juntarse.

¿Esperabas que Kortatu tuviera el peso que tuvo en la historia musical de Euskadi?

Ah, no, para nada.

En aquella época yo no pensaba vivir más allá de los treinta años.

Esto no es una cosa menor. Esta entrevista es posible ahora, en una Euskadi en paz.

Pero hace algunos años, quizá no hubiera sido tan *fácil* venir aquí, a la cocina de Fermin Muguruza, sentarse y tomar un café mientras charlamos de Enrique Morente (porque charlamos de Enrique Morente y de muchas cosas más).

Hace algunos años, Euskadi era diferente. No sé si Edu Madina y Fermin Muguruza eran diferentes, pero Euskadi ya no es la misma.

¿Qué nos sugiere esto en cuanto a la convivencia, al futuro, a los espacios que es posible compartir?

Todavía no lo sé, quizá al final del libro lo descubriré.

Mientras éstos hablan y hablan
(porque Edu es de mucho preguntar y
Fermín de mucho hablar) aprovecho
para dibujar la casa de Fermín.

Es tal y
como me la
imaginaba.

Es la casa de alguien que
se pasa la mitad de la
vida viajando y la otra
mitad buscando sitio en
casa para acumular los
recuerdos del viaje.

También es una
pequeña
mediateca con
libros y discos,
propios y ajenos.

Un museo del
"horror vacui".

Este de aquí es Aitor Zabaleta, el seguidor de la Real Sociedad asesinado por unos ultras en Madrid. Fermín es muy amigo de su *familia*.

No hablamos sólo de grupos, también de canciones. Canciones de Kortatu...

LA LÍNEA DEL FRENTE

Es un homenaje a los grandes músicos jamaicanos. Lo de "la barricada a las 3" va por Bob Marley. Lo de "vivir en la línea del frente" se refiere a Eddy Grant... "Soy una cuchilla andante" es un homenaje a Peter Tosh.

ETXERAT

La vuelta a casa. Ésta es la canción que cantábamos de regreso de giras maratonianas que duraban meses.

Cuando volvíamos de algún sitio de Europa, mi padre nos decía que estaba poniendo a enfriar las botellas de sidra.

Luego el tema se convirtió en una reivindicación de la vuelta a casa de los presos vascos.

HOTEL MONBAR

Una canción triste, que marcó un antes y un después en Kortatu.

Una experiencia traumática.

Os lo explicaré mejor.

Estamos en septiembre de 1985. Viajo con unos colegas a Baiona, a Iparralde.*

Vamos a visitar a un refugiado. Estamos jugando al futbolín con unos amigos y con un anarquista al que llamábamos "Durruti".

CLONK CLONK CLONK

* Hegoalde es el País Vasco del sur, Iparralde es el País Vasco del norte.

Cuando la última bola se va por el hueco de la portería, nosotros nos quedamos a beber una cerveza. Los amigos se van.

Poco después se escuchan disparos. Muy cerca.

BANG
BANG
BANG

Salimos a la calle. Dos pistoleros salen del Hotel Monbar y corren en dirección al río. Dos de los amigos yacen tiroteados en la puerta del hotel y en la calle. Nosotros no podíamos saberlo en ese momento, pero los otros dos están dentro, también acribillados.

Nuestro colega "Durruti" corre tras los pistoleros, y atrapa a uno de ellos en el puente Pannecau.

HOTEL-MONBAR

El otro también es detenido por unos jóvenes, justo después de lanzar la pistola a las aguas del Errobi.

En la cafetería del Hotel Monbar fueron asesinados tres
militantes de ETA. Un cuarto murió en el hospital de Baiona. Se
llamaban Iñaki Asteasuinzarra, Agustín Irazustabarrena, Sabin
Etxaide y José María Etxaniz.

Hôtel Monbar

Los asesinos resultaron ser dos sicarios de la mafia marsellesa:
Lucien Mattei y Pierre Frugoli. Entonces no podíamos saberlo,
claro, pero fue un encargo del GAL.

"Durruti", el colega que hace dos páginas atrapaba a uno de los sicarios, tiene una historia particular que merece la pena contar.

En realidad se llama Txetx Etcheverry. En los 90 se unió al sindicato campesino de José Bové y fue muy reconocido su compromiso con la acción directa no violenta.

Ahora milita en una fundación que depende del sindicato ELA y en una plataforma ecologista, Bizi!

Pocos días antes de que nosotros nos juntáramos aquí para tener esta conversación, Etcheverry fue detenido en Louhossoa/Luhuso por la policía francesa, debido a su implicación en el desarme de ETA, junto con otros activistas.

Se acordó un plazo de 60 días para reanudar las conversaciones entabladas en Argel con el Gobierno de Felipe González hacía más de un año.

Pero algo salió mal. Los delegados de ETA justificaron la ruptura en la prepotencia del Estado español y su tacticismo interesado. Los delegados del Gobierno dijeron más o menos lo mismo de la otra parte.

El caso es que el 4 de abril de 1989 se rompieron las conversaciones. Tres días después explotaron dos paquetes bomba en Irun y Huesca. Y el 12 de abril cuatro balas se incrustaron en el cuerpo de un sargento de la Guardia Civil en Getxo. Se llamaba José Calvo.

Lo del compromiso siempre nos ha traído problemas.

¿Te cuento lo del general Galindo?

¡Claro!

Mira, yo soy de Irun, que es una ciudad fronteriza.

Y como toda ciudad fronteriza que se precie, aquí siempre ha existido el contrabando.

Sobre todo durante el franquismo: contrabando de mercancías, de ideas, de personas o influencias.

Un día se escucha que la Guardia Civil se había incautado de una tonelada de coca.

La pesan al día siguiente y faltan cien kilos! ¡Cien kilos!

Bueno, en Irun todo dios decía que era cosa del cuartel de Intxaurrondo, que controlaba la frontera.

Aquello era
como el
salvaje Oeste
de las
películas de
vaqueros.

El caso es que en el 91 editamos "Gure Jarrera", donde
venía la canción "Ustelkeria" (que significa
"podredumbre, corrupción"), una canción en la que
reivindicábamos la legalización de las drogas para evitar
el enriquecimiento de las mafias.

También denunciamos la
corrupción en Intxaurrondo y la
actuación de Galindo, que era el
que mandaba allí.

El tema de las drogas en Euskadi nos causó grandes
controversias. Nosotros estábamos a favor de que cada uno
hiciera lo que quisiera sin que nadie te dijera lo que tenías
que hacer. Y aquí chocamos frontalmente tanto con el Estado
como con la izquierda abertzale.

Para lectores despistados:

Es difícil explicar la tragedia de Yoyes en una página. Lo intentaremos:

Dolores González Katarain ("Yoyes") nació en Ordizia (Gipuzkoa) en 1954.

Como tantos jóvenes vascos idealistas de principios de los 70, Yoyes entró en ETA y llegó a pertenecer al núcleo duro del aparato militar.

"Argala", el líder de ETA en aquella época y al que unía a Yoyes una gran amistad, fue asesinado en 1978 por el Batallón Vasco Español.

Yoyes pasó a ser la primera mujer en la dirección de ETA. A partir de ahí, las dudas y el conflicto interno: no comulgaba con la línea dura de la nueva ETA y decidió exiliarse, primero en México y luego en París.

Años después Yoyes negoció volver a Euskadi, donde las paredes pintadas no perdonaban su rebeldía. Sin embargo, el líder de ETA, Txomin, dio luz verde a su regreso.

Yoyes Chivata

Pero Txomin fue deportado a Argelia por los franceses, y la cúpula etarra determinó que la presencia de Yoyes era demasiado molesta. El 10 de septiembre de 1986 era asesinada en la Plaza Nueva de Ordizia.

En aquella época estábamos tocando en Kortatu. Aquello nos cayó como una bomba atómica.

Mi hermano Iñigo y yo habíamos apoyado al principio la lucha armada, eso lo sabe todo el mundo.

Pero siempre con un sentido crítico, sabiendo que tendría que terminar.

A finales de los 90 y después de la ruptura de la tregua de Lizarra-Garazi, yo ya digo públicamente que ETA tiene que terminar.

El asesinato de Yoyes nos pesó mucho. A Katarain al que más, obviamente. En Ordizia había concejales de Herri Batasuna que eran familia suya.

¿Cómo salir de aquella espiral sin fin?

En 1991 sacamos la canción, la denuncia vino en 1993 y ganamos en 2001 en el Tribunal Supremo, tras ocho años de juicios. Fue una victoria sobre Galindo, sobre Intxaurrondo, sobre la Guardia Civil y la madre que los parió. Fue nuestro "Vietnam". Así que hicimos un concierto para celebrarlo.

Antes del juicio hicimos una campaña de crowdfunding primitivo. La gente ponía 5000 pesetas para pagar el procedimiento judicial y nosotros les dábamos la maqueta y nos guardábamos su dirección postal.

Cuando salió la sentencia mandamos una entrada para los conciertos de celebración a cada donante.

Pero todo aquello duró diez años, que fueron muy largos.
En aquellos diez años salió a la luz toda la mierda de
Galindo, de Intxaurrondo, aparecieron los cadáveres de
Lasa y Zabala.

Nos llovieron las amenazas de muerte. Hicimos dos conciertos en el
velódromo de Anoeta, más de treinta mil personas. Odón Elorza,
que entonces era alcalde de Donostia, tuvo agallas y nos apoyó en
todo. La Guardia Civil hacía controles de todo tipo en los
alrededores del velódromo, pero nada pudo empañar la super fiesta
que se vivió.

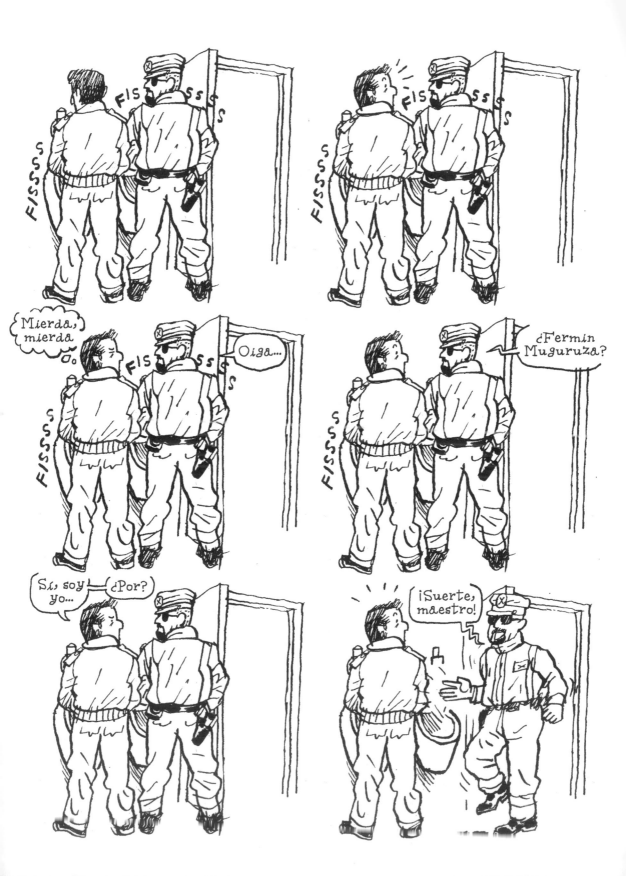

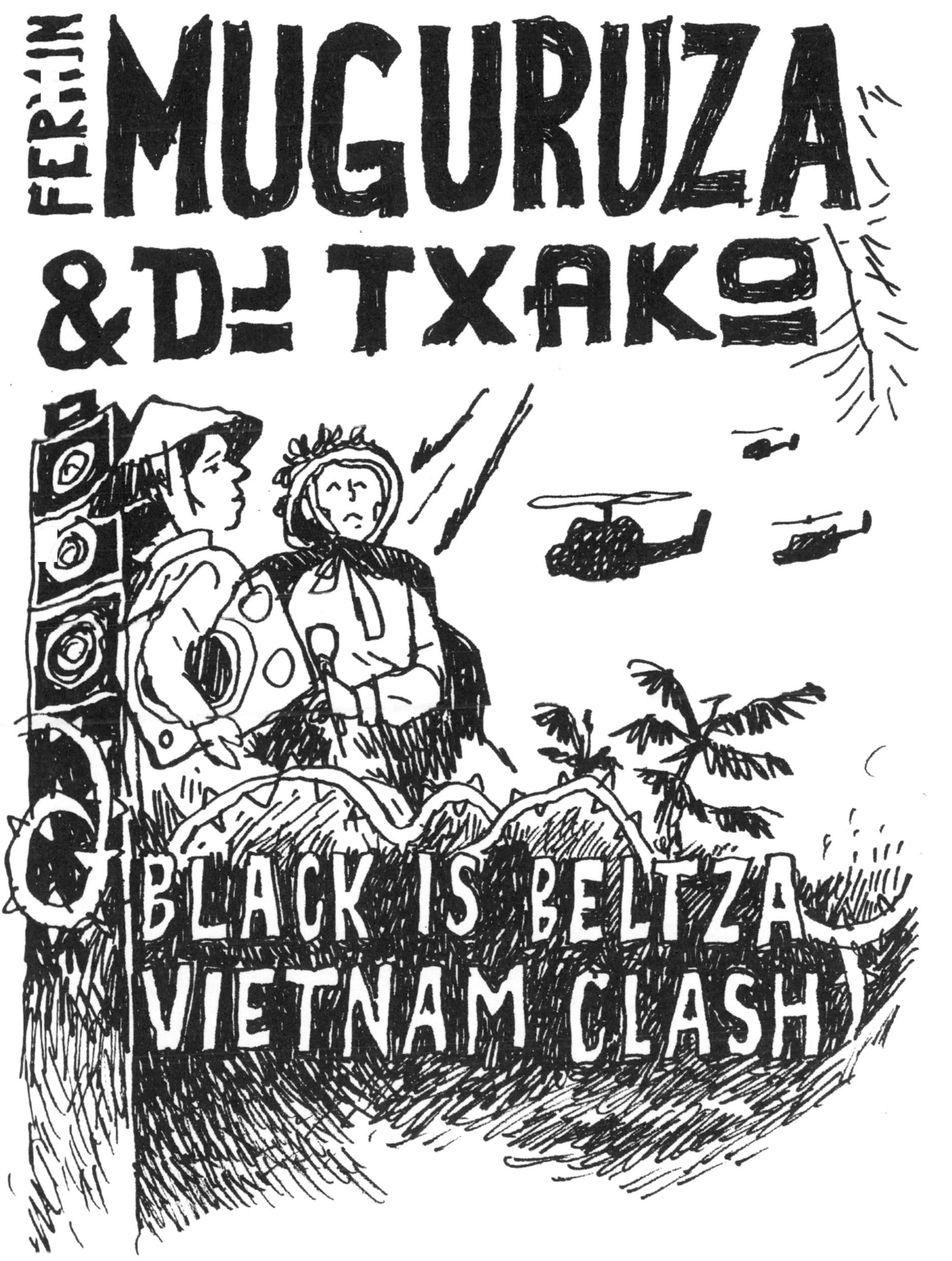
FERMIN
MUGURUZA
& DJ TXAKO
BLACK IS BELTZA
VIETNAM CLASH

Capítulo 9

La trampa del absurdo

Donostia, octubre de 1984

Eduardo Madina tiene ocho años, y viene con su padre a un funeral.

Por aquí llega el muerto. Una bandera de un sindicato obrero cubre el ataúd.

Un señor mayor se quita la boina y alza el puño izquierdo.

Edu no sabe muy bien qué pasa, pero sabe que el del ataúd es un sindicalista al que la gente quería mucho, porque lloran sin disimular.

También sabe que no se ha muerto porque sí, sino que lo han matado.

Pero...

Si este hombre luchaba por los trabajadores...

¿Por qué le han matado?

No lo entiendo.

Aquel hombre que luchaba por los trabajadores se llamaba Enrique Casas, asesinado por los Comandos Autónomos Anticapitalistas.

Es 1999, y ahora estamos en el palacio de Villa Suso, en Vitoria.

Hoy se celebra un cónclave del socialismo vasco.

Edu Madina es secretario de política institucional de las JJSS, y acaba de redactar una ponencia que disecciona la realidad de Euskadi.

Enfrente, sentado en primera fila, Nicolás Redondo Terreros (secretario general del PSE) no se puede creer lo que está escuchando.

Edu Madina habla de romper con la *idea* del derecho de autodeterminación para darle una dimensión más laica a la *idea* de consultas populares para multitud de temas.

Hay que recordar que en aquellos años lo de la "*democracia participativa*" no es que estuviera muy de moda, vaya.

Edu pide el acercamiento de presos a Euskadi, lo que cumple la ley penitenciaria, que establece que todo preso tiene derecho a cumplir su condena lo más cerca posible de su residencia habitual.

Hay que recordar también que, en aquella época, decir aquello era mucho decir.

Desde que empecé a dibujar este libro me he hecho esa pregunta muchas veces, y nunca he encontrado respuesta.

Porque no la hay.

Porque no hay lógica posible.

Pensar que no es lógico matar a Edu Madina porque era un chaval de 26 años que jugaba al vóley nos acerca peligrosamente a reconocer que matar a un guardia civil sí lo es.

Y si empezamos a clasificar y ordenar según nuestros propios intereses, ¿por qué no pensar que, después de todo, si la bomba de las Cotxeres de Sants hubiera reventado a Fermín Muguruza en medio de un concierto a favor de presos de ETA, no se hubiera perdido tanto?

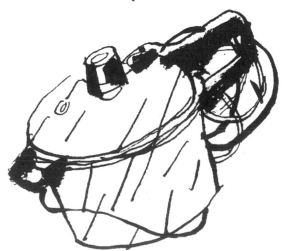

¿Por qué no pensar que hay muertos que merecen más que otros, y que Lasa y Zabala no merecían más que un agujero de un metro de profundidad en mitad de un páramo?

Es la trampa del absurdo. No se puede buscar una lógica a lo que no la tiene.

En el momento en el que alguien encuentra una lógica a este absurdo, está cruzando una frontera.

Está abriendo una puerta por la que se accede a un jardín desconocido:

MÁS ODIO
ABUSO
MÁS RENCOR AÚN
VENGANZA
AMENAZA
TORTURA
MUERTE
DESPRECIO
MÁS Y MÁS ODIO

Capítulo 10

Zubia

Así que en la gala de los Premios de la Música en Madrid, subo al escenario a recoger el mío y, claro, se lía parda.

Eskerrik asko. Quiero denunciar, en estos momentos de guerra global, el cierre por las armas de un periódico.

El único que teníamos en euskera, en lengua vasca. El único instrumento que teníamos los vascos para difundir nuestra música...

Este premio de Amaia Zubiria, mío y de Benito Lertxundi es para los trabajadores de "Egunkaria" y para su director, Martxelo Otamendi, que está aquí.

Eskerrik asko, "EGUNKARIA" AURRERA!

Esto era cierto en el momento en el que Fermín nos lo dijo en la cocina de su casa, pero en junio de 2017 recibió el premio Adarra, el premio de la música vasca.

Y lo celebró con un concierto en el Teatro Victoria Eugenia de Donostia, donde tuvo la ocasión de reivindicar de nuevo. Esta vez dedicó el premio a los gaztetxes (centros sociales okupados por jóvenes en Euskadi).

El año de "La pelota vasca" dijiste que llevabas mucho tiempo diciendo que estabas en contra de la violencia de ETA, pero nadie te escuchaba.

No sólo a mí.

En aquella época nadie quería escuchar lo que mucha gente decía.

Al propio Julio Medem lo crucificaron por su documental. Pagó muy caro realizar aquel documental que daba voz a todos.

Estuve con él en el Festival Internacional de Cine del Sahara y allí me dijo que habían desatado contra él una campaña feroz.

combinaison
SPACIALE ep
PIZZICATO
FIVE

FREAK
OUT!

AITA

POR
UNAI
MUGURUZA

Capítulo 11

De Chiapas a la T4

El tema de la violencia es muy complejo: es inevitable caer en contradicciones.

Esto lo viví sobre todo en México.

México es un país que conozco y amo profundamente. En 1993 estoy en Oaxaca, donde escucho rumores de revuelta popular.

La revolución se produce pocos meses después. El 1 de enero de 1994 el EZLN* encabeza una rebelión armada contra el Gobierno.

* Ejército Zapatista de Liberación Nacional.

Cojo un avión con Mikel, el baterista de Negu Gorriak, y me voy a Chiapas. Allí nos subimos a un camión y atravesamos la selva Lacandona.

CONTROL MILITAR 500 MTS

Llegamos a La Realidad, el más célebre municipio autónomo rebelde zapatista. Habíamos cruzado "la línea del frente".

LA REALIDAD
SEDE CARACOL Y JUNTA

En La Realidad nos topamos con Danielle Mitterrand, la viuda del presidente francés. La gente inunda los campos al grito de "El pueblo unido jamás será vencido". Llegan los "alzados". En cabeza va el subcomandante Marcos a caballo.

En 2008 estoy en Jamaica. Acabo de grabar un nuevo
disco con Clive Hunt. Hay una tregua de ETA, y el
disco sale lleno de luz.

Grabo con Toots y otros músicos jamaicanos una
canción sobre la plaza de Mosku en un día de mercado.
Joder, estoy feliz.

Vuelvo a casa y pasan muchas cosas. Es un año frenético, ya sabes: el famoso juicio del 18/98 y la negociación de Otegi y Eguiguren.

El juicio 18/98 fue un macroproceso de la Audiencia Nacional contra diferentes organizaciones de la izquierda abertzale (el diario "Egin", la radio Egin Irratia, Xaki o la organización juvenil Ekin) a las que se acusaba de vinculación con ETA.

Jesús Eguiguren (PSE) se reunió desde 2005 con interlocutores de ETA para iniciar un proceso de alto al fuego permanente. En aquellas conversaciones jugó un papel crucial el portavoz de Batasuna, Arnaldo Otegi.

En mi familia pasan cosas también, cosas que no tienen nada que ver con la luz de Jamaica. Mi padre muere. Quedo desolado, porque teníamos un vínculo muy fuerte.

Se llamaba Fermín, como yo. Había sido campeón de pelota. Y su padre (mi abuelo), levantador de piedras.

Y poco después, la tregua de ETA se rompe.

Volvemos a América Latina, triste y circunstancialmente. ETA coloca una furgoneta-bomba en un parking del aeropuerto de Madrid y hace tres llamadas telefónicas. La policía desaloja el lugar, pero la bomba explota y se lleva por delante a dos ecuatorianos: Diego Estacio y Carlos Palate.

Siento la necesidad de lanzar un manifiesto de rechazo total, y promuevo el grupo Milakabilaka, un movimiento novedoso con la gente de la *izquierda abertzale*, para evitar que se vuelva al lenguaje de las pistolas.

Pido ayuda a Manu Chao, a Marina de Ojos de Brujo, a los Zebda (número 1 en aquel momento en Francia). Decimos: "Hay que parar la violencia de forma definitiva".

Pero no lo conseguimos.

Al menos, no en aquel momento.

Pero estoy convencido de que lo que se hizo entonces influyó, poco o mucho, en el devenir de la historia.

EL DEFINICIÓMETRO

> Definirse a uno mismo, retratarse, meterse en un marrón...

FERMIN

AUTODETERMINISTA

Yo defiendo que cada nación tiene derecho a autodeterminarse.

¡Y celebraría que mañana Euskadi fuera independiente!

INDEPENDENTISTA

No nacionalista, ¡que no es lo mismo! Y yo viajo mucho, eh. No me atices con la frase de Unamuno. A mí viajar me reafirma en mis ideas.

EUSKERISTA

Reivindico el euskera, que todavía no está al mismo nivel que el castellano, siendo un país bilingüe.

¡Ya estuvo a punto de desaparecer con Franco! Nos lo quitaron y nos lo prohibieron.

VASCO

Defiendo mi cultura en plena globalización neoliberal.

¡ASIMILACIÓN NO!

De eso va esta doble página.

EDU

SOCIALISTA / SOCIALDEMÓCRATA

Yo quiero un Estado de bienestar universal y la negociación colectiva dentro de un marco democrático.

Libertad, justicia y solidaridad...

¿Es mucho pedir?

NI NACIONALISTA NI INDEPENDENTISTA

Ni buen vasco ni buen español para muchos vascos o españoles.

Pero, bueno, tampoco soy un buen socialista para muchos socialistas...

¿Qué me queda? La patria de Joseph Roth: la época que me toca vivir.

DEL ATHLETIC

Soy bilbaíno, ¿de qué equipo iba a ser?

Vaya pregunta ...

LIBRE

De pensar como quiera, de no odiar ni guardar rencor a nadie, de ir donde me apetezca.

Libre para educar a mi hijo, que crecerá libre de odio.

Capítulo 12

Todo pesa menos

No estaba previsto, pero nos cruzamos con la compañera y los hijos de Fermín, que vienen en dirección contraria por la plaza Urdanibia.

Besos. Abrazos. Hola. Egun on.

La chica agita la melena rubia y sonríe. El chico es un gigante como los de "Black is Beltza". Los hijos de Jone y Fermín son hijos también de la nueva Euskadi.

Son más libres de lo que nunca imaginaron sus padres, y tendrán recuerdos más luminosos que transmitir a los que vengan detrás.

Buenas...

Una mesa para cuatro, por favor.

JATETXEA Morondo

En la época en la que Edu Madina andaba con escolta, la mesa para cuatro hubiera sido para seis, porque habríamos estado acompañados. Pensándolo mejor, no hubiera habido comida, no hubiéramos podido juntarnos en este barrio popular de Irun, quizá él ni siquiera hubiera venido a Gipuzkoa.

La diferencia entre estar o no en paz debe ser esto: poder ir con quien quieras a comer el menú del día donde te pete, y hablar de lo que te apetezca.

Creo que tú también tienes un hijo, Edu. ¿Cuántos años tiene?

Ocho.

Se llama Unax.

¿Sabéis por qué lo llamamos Unax? Es una historia curiosa, os la contaré.

Ah, sí.

Tenemos uno.

Está allí, en aquella casa.

Fuimos a la casa, pero parecía que no había nadie.

¡Hola!

Y entonces se asomó a la puerta.

Hola

Me llamo Unax.

Se llamaba Unax Ugalde.

Tengo un recuerdo maravilloso de nuestros veranos compartidos.

Fue la primera vez que escuché ese nombre, "Unax". Nunca había conocido a nadie que se llamara así.

Ese nombre me encantó. Paloma y yo llamamos así a nuestro hijo.

¿Qué vais a comer?

El menú del día: alubias de Tolosa para todos, por favor.

Cuando se trata de comer, los vascos llegan a consensos fácilmente.

Esta historia de Unax... Joder... Es increíble a veces dónde nos lleva la vida.

Mira si será increíble que, mientras Fermín pica con mimo una guindilla para echarla luego al cocido, no podía saber que Unax Ugalde pondría la voz al protagonista de su "Black is Beltza" en el largometraje de animación que realizará pronto. (Por cierto, que el protagonista se llama Manex).

TAK TAK TAK

Acabamos de comer. Fermín paga la cuenta, es un anfitrión generoso. Apretón de manos. Gracias. Edu se vuelve a Madrid, Humberto a Castro Urdiales. Hasta pronto. Abrazo. Abrazo. Cuídate mucho. Agur.

Desaparecemos entre los plataneros pelados de la plaza Urdanibia.

Para la gente que
construye puentes,
los vascos tienen
una palabra:

Anexo

* Los que construyen puentes.

Foto: Humberto Bilbao

Los amigos de Astiberri se tiraron de cabeza de este puente moscovita.

Humberto Bilbao me prestó las fotos de aquel día en Irun.

La tía Txitu me dio refugio en Bilbao y me llevó a tomar marianitos.

Eduardo Madina y Fermin Muguruza me prestaron un trocito de su vida y juntos construimos este puente, que se cruza leyendo.

Muchas gracias,
eskerrik asko.

Alfonso Zapico

ALFONSO ZAPICO (Blimea, Asturias, 1981). Historietista e ilustrador freelance. Trabaja en proyectos educativos del Principado de Asturias y realiza ilustraciones, diseños y campañas para diversas agencias de publicidad, editoriales e instituciones. Es ilustrador de prensa en diarios regionales asturianos (La Nueva España, Cuenca del Nalón, Les Noticies). Se estrena en 2006 con un álbum de corte histórico para el mercado francobelga, La guerra del profesor Bertenev (Dolmen, 2009). Su primer trabajo publicado directamente en España es Café Budapest (Astiberri, 2008), donde se mete de lleno en una ficción determinada por los orígenes del todavía no resuelto conflicto palestino-israelí. Acto seguido apuesta por recrear en cómic la vida de James Joyce, Dublinés (Astiberri, 2011), que gana el Premio Nacional del Cómic 2012 y a raíz del cual surge el cuaderno de viaje La ruta Joyce (Astiberri, 2011). Vive en la localidad francesa de Angoulême, donde, tras realizar El otro mar (Astiberri, 2013) a caballo de su Asturias natal, a la que vuelve con regularidad, se encuentra preparando su nueva y ambiciosa obra, la trilogía de La balada del norte, de la que se han publicado ya dos tomos (Astiberri, 2015 y 2017) y cuya tercera y última parte se encuentra desarrollando en la actualidad. En un paréntesis, entre el segundo y tercer volumen de La balada del norte, Zapico ha completado Los puentes de Moscú, donde muestra de nuevo su faceta como reportero gráfico al poner el micro al diálogo entre el político Eduardo Madina y el músico Fermín Muguruza.

OTROS TÍTULOS DE ASTIBERRI

La noche polar
Marcos Prior

Balthus y el conde de Rola
Tyto Alba

Guía del mal padre 4
Guy Delisle

Sex Criminals 4. Cuatrorgía
Matt Fraction y Chip Zdarsky

Blackhand Ironhead
David López

Intensa
Sole Otero

La mentira y cómo la contamos
Tommi Parrish

Cómo ser un perfecto infeliz
The Oatmeal

Los enciclopedistas
José A. Pérez Ledo y Alex Orbe

El tesoro del Cisne Negro
Guillermo Corral y Paco Roca

En corto
Historietas premiadas en la Bienal Nacional de Cómic
Biblioteca Insular de Gran Canaria 2018
Varios autores

Kitaro 7
Shigeru Mizuki